들꽃이고 싶다

윤갑수 제4시집

들꽃이고 싶다

2025년 7월 29일 초판 1쇄 인쇄 발행

지 은 이 | 윤갑수
펴 낸 이 | 박종래
펴 낸 곳 | 도서출판 명성서림

등록번호 | 301-2014-013
주　　소 | 04625 서울시 중구 필동로 6 (2, 3층)
대표전화 | 02)2277-2800
팩　　스 | 02)2277-8945
이 메 일 | msprint8944@naver.com

값 15,000원
ISBN 979-11-7439-017-2

※ 본 책의 구성 및 맞춤법, 띄어쓰기는 작가의 의도에 따랐습니다.
※ 이 책의 저작권은 저자와 도서출판 명성서림에 있습니다.
※ 이 책 내용의 일부 또는 전부를 재사용하려면 반드시 저자와 도서출판 명성서림의 동의를 얻어야 합니다.
※ 무단 전재 및 복제를 금합니다.
※ 파본은 바꾸어 드립니다.

들꽃이고 싶다

윤갑수 제4시집

도서
출판 명성서림

시인의 말

추위가 봄의 계절 속에 잠들고 햇볕 좋은
툇마루에 앉아 햇살 바라기하다 춘곤증에
시달리는 님의 얼굴에도 봄이 오고 있음을
난 알았다.

황량했던 대지엔 하루가 다르게
새싹들이 자라 연초록빛 여울지고 진달래
개나리가 화사하게 봄인사를 한다.

제3시집을 출간한 지 2년이 지났지만 詩는
내 삶의 일부였기에 筆을 놓을 수 없었다.
일상의 삶을 겹겹이 간직한 추억을 하나둘
모아 "들꽃이고 싶다"를 상재해 본다.

가만한 바람이 살며시 스치는 봄날 아침
따사로운 햇살의 유혹에 두물머리로
드라이브를 즐기던 한강 길섶에 버들개지도
꽃망울을 터트렸다.

새봄을 만끽하며 돌아오는 길 카페에 들러
붉게 물든 강물을 바라보며 추억을 다시금
되새김질해 본다.

아내와의 동행은 언제나 즐겁고 행복하다
벌써 부부의 연을 맺은 지 37년이 되었고
4남매 모두 잘 자라 사회의 일원이 되어준
아이들에게도 감사할 일이다.

詩人으로 살아가는데 물심양면 내조해 준
아내와 네 번째 시집을 상재하기까지 도움
주신 분들께도 감사의 마음을 전하고 싶다.
끝으로 독자님들 가내에 건강과 만복이
항상 함께하시길 기원합니다.

乙巳年 上春之節에

初月 윤갑수

차례

04 시인의 말

1부 ✦ 젊음의 잔영들

13 그리움
14 내게도 봄이 오는 소리 들리네
15 꽃들이 운다
16 다시 돌아오는 계절처럼 나도
17 능수 버들개지
18 별이 되고 싶은 붉은 장미
19 봄이 가고 있다
20 관악산 자락길
21 청초한 세상
22 노을 지면 나그네는
23 단비에 모내기를
24 여름밤의 향연
25 빗속에서 꿈틀거리는 희망
26 6월 끝자락에는
28 설움 한 줌 떨구고
29 섶다리 건너갈 그때는
30 상사화

31	수마의 흔적들	48	결실의 계절
32	한 여름밤 이야기	49	그리움을 달래는 가을 녘
33	단비야 내려라	50	가을 문턱
34	한여름 날의 그리움	51	꽃내음
35	접시꽃 그대여	52	단풍잎 하나
36	달맞이꽃	53	나뭇잎 곱게 물들여지고
		54	사계의 흔적이 사라지면
		55	태백산 에움길

2부 ◆ 가을 나그네 겨울로 가네

		56	진 고개 무지개
		57	초가을 문턱 처서
		58	만추 녘
39	가버린 가을날의 애상	60	감잎은 가을빛이다
40	꽃 무리	61	가을비
41	가을 문 활짝 열고	62	가을빛 물들이고
42	가을빛 같은 우리들	63	가을꽃
44	가을을 데리고 간 바람	64	겨울로 가는 골목
45	깊어가는 가을 녘	65	슬금슬금 겨울을 데리고 온다
46	가을이 눈앞에서 아른거린다		
47	계룡산 가을빛 여울지고		

3부 ◆ 그대만을 위하여

- 69 곰삭은 세월
- 70 내게도 단비가 내린다
- 72 그대 영혼 달래주는 바람
- 73 황사의 심사
- 74 꿈같은 인생길
- 75 그리움 하나
- 76 그립다하면 더 그리워진다
- 77 기약 없는 기다림
- 78 까만 밤의 꿈
- 79 그리움을 묻고
- 80 나보다도 네가 났구나
- 81 희망의 불씨
- 82 가는 길
- 83 너덜 길 걷다 보면
- 84 내님의 사랑은
- 85 희망의 빛을 찾아
- 86 들꽃이고 싶다

4부 ◆ 그리운 고향 녘

- 91 고향의 봄
- 92 고향의 향수
- 93 그리운 고향의 봄날
- 94 고향은 언제나
- 96 산중에는
- 97 삶의 무게
- 98 죽마고우
- 99 한 잔 술에
- 100 아카시아 꽃 범벅
- 102 산골 추억

5부 ◆ 일상의 애상들

- 105 빌딩 숲 바람길
- 106 두메산골에서의 하루
- 107 뒤안길이 그립네
- 108 매지구름 몰려오듯 내게도
- 109 물결 위의 잔영들
- 110 발끝걸음 또 한걸음
- 111 밤비야 내려라
- 112 별들의 전쟁
- 113 비 그치면 나는
- 114 살을 에는 무더위
- 115 삶은 시어를 찾아
- 116 세월의 추억
- 117 황혼 녘에 서성이니
- 118 서로 사랑하라 끝날 그날까지
- 119 아내와 함께 걸어온 이 길
- 122 희망의 불꽃
- 123 욕망의 세월
- 124 이발소에 가는 날엔
- 125 인생사
- 126 지난날의 그리움
- 127 지울 수 없는 세월
- 128 추억의 길
- 129 희망의 등불을 켜라
- 130 퇴근길
- 131 희미한 눈동자
- 132 홀로 된 사랑

6부 · 사모곡

135 사모곡
138 소리 없는 정담
139 속삭이는 님의 얼굴
140 슬픔의 뒤안길에 서성이면
141 외손주 옹알이
142 우리님 떠나가시는 길
144 님 가시는 날 비가 내리네
145 님의 세월
146 울 엄니의 일생

১부

젊음의 잔영들

그리움

비탈진
산허리에 때를 잊은
산꽃* 한 송이

연분홍빛
얼굴 붉히며 외롭게
피었구나

바람결에
살랑이면 살 그래 널
볼 수 있으려나

푸른 잎 사이로
슬그머니 벌 나비를
유혹해 보지만

님은
오지 않고 두견새만
슬피 우네.

* 산꽃 : 진달래꽃

내게도 봄이 오는 소리 들리네

아지랑이 너울대는 봄날 정겨웁게
조잘대는 노고지리는 보이지 않고
파란 하늘만 내 눈에 가득 들어와
아련한 그리움이 울림으로 다가온다
겨울날 벌거벗은 나목이 덜덜 떨다
동안거에 들어 긴 잠자다 깨어나는
하품 소리가 들리는 듯 바람 소리
요란하다
따스한 햇살이 내리쬐는 2월 한낮에
살품을 파고드는 봄바람이 슬그머니
동장군을 몰고 가니 시냇물 소리
차박차박 마음밭에 발끝걸음 질하며
다가와 속삭인다
이제는 추억이 된 어릴 적 5일 장날
장마루 장엘 다녀오시며 흥에 겨워
노래를 부르시던 울 어머니 목소리
봄이 오는 그 소리 바람 타고
아련히 들려온다.

꽃들이 운다

강변 길섶에 줄나래비선 벚나무들
바람에 하이얀 꽃잎들이 살랑살랑
너울춤을 추며 살 그래 웃고 있다
바람난 되모시*가 요염하게
자태를 뽐내듯 꽃들이 흐드러지게
피어나 연인들 눈빛을 사로잡는다
따스한 봄 햇살 머금다 해거름 녘
산내리 바람과 달님의 시샘에 그만
주눅이 든 꽃들이 엄살을 부린다
해 뜰 참 척박한 바위틈 양지 녘
양지꽃도 수줍은 듯 고개를 숙이고
개미도 긴 잠자고 나와 탑을 쌓고
집 단장할 때 화들짝 놀란 제비꽃
인사를 한다
화창한 봄날에 꽃들이 피었다 져도
열매 맺지 못한 서글픈 사랑에
그만 꽃들이 운다.

* 되모시 : 이혼하고 처녀 행세를 하는 여자

다시 돌아오는 계절처럼 나도

올망졸망 꽃을 피운 개나리
가슴 시린 한겨울 이겨내고
연한 속살 드리우듯 곱게도
피어나 반겨주건만 갑자기
매지구름이 몰려와 한줄금*
휘몰고 간 자리에 빗방울이
온몸을 시리도록 두들기니
봄꽃들이 서러워 울고 있다
나그네 발길처럼 꽃눈개비
흩날리듯 꽃잎들이 이별을
노래 부르며 훌훌 떠나간
꽃자리*마다 희망이 자라나
작은 꿈을 다시 키운다.

* 한줄금 : 〈순우리말〉 비가 한차례 세차게 쏟아지는 모양
* 꽃자리 : 꽃이 달려 있다가 떨어진 자리

능수 버들개지

쪽빛 하늘
깊게 눌러쓴 호숫가
능수버들

가만한 바람
소리 없이 다가와
속삭이고

중춘 날
버들개지 솜이불을
펼쳐놓고

무덥다며
가슴 풀어 헤치듯
떨쳐내니

바람결에
원 없이 세상 구경
하는구나.

별이 되고 싶은 붉은 장미

파란 하늘 아래
가슴속 슬픈 그리움을 감추고는
해맑게 미소 짓는 장미꽃 한 송이

맑은 햇살의 따스함이 흩어지고
저물리는 동안 밋밋한 줄 다림에
잠 못 들던 밤
남몰래 울부짖는 천둥소리에 놀라
목 놓아 울고 있다

5월의 그 짧은 봄을 그리워하듯
붉게 타오르다 산화한 그대처럼
나도 유혹에 젖어 허우적거리던
젊은 날의 초상들이 이는 바람에
꽃잎 떨구듯 청춘도 가버렸구나

영원히 지지 않을 것 같은 님도
지고 없는 날 검게 그을린 그댈
닮은 내 가슴에 머무는 별이 되어
붉게 여울진 그대가 되고 싶네.

봄이 가고 있다

꽃잎이 떨어진 꽃자리*마다
덩그러니 하늘을 바라보다
알몸을 들어내 보이고는
봄 햇살에 기대어 비바람도
피하지 않고 살집을 키우는
아기 앵두가 잘도 큰다

봄날 꽃눈깨비*가 흩날린다
널브러진 꽃잎들이 색바랜
깃털처럼 말라 버린 나신을
굽어보듯 바람결에 쓸려가
구석진 곳에 널브러져 있고

오뉴월 길목 청보리밭에는
고향 내음이 텅 빈 가슴에
주저앉아 떠나지를 않는데
봄은 벌써 먼발치로
달아나고 있다.

* 꽃자리 : 꽃이 달려있다 떨어 진자리
* 꽃눈깨비 : 눈같이 떨어지는 꽃잎

관악산 자락길

자락길*
걷노라니 풀 내음
그윽하고

솔바람
불어오면 더딘 발길
힘이 솟노라니

쌓였던
시름 한 줌 달래주는
마음의 길

오늘도
내님과 함께 가는
이 길

먼 훗날
추억을 되새김질할
행복의 길.

* 자락길 : 산자락을 따라서 낸 길

청초한 세상

구름 한 점 없는 동녘 하늘
붉은 태양이 떠올라 이사 빛*
눈부시게 다가와 속삭인다

멀리 보이던 관악산이 갈매빛*
넘실거리고
난 개발 여파로 자연재해가
기승을 부리지만 왠지 미지의
세계에 온 것 같은 착각에
발걸음을 재촉한다

황사로 인해 얼굴을 가리우고
뿌옇게 분칠해 놓더니 요즘엔
파란 하늘이 녹아내려 뒤틀린
심사를 다독이니 꿈같은 세상
눈앞에 아른거린다.

* 이사 빛 : 이른 아침에 뜨는 따사로운 햇빛
* 갈매빛 : 〈순우리말〉 검은빛이 들 정도로 짙은 초록빛

노을 지면 나그네는

해저물녘
버들잎에 매달린 햇살
유리 창문에 얼비치니
시리도록 눈부시다

가만한 바람 살랑살랑
강물을 흔들어 깨우니

물비늘 이는 금강 물결
황혼빛 곱게 물들이다
금세 강물 속에 잠들고

물새 가족들 무리 지어
갈 숲으로 사라질 때

서걱이는
갈잎의 정겨운 소리
뒤돌아선 내 발걸음이
해를 안고 떠나가네.

단비에 모내기를

흩어지는 매지구름* 사이로 햇살이
출렁인다

밤새 자드락자드락 장단 맞추듯
퍼붓던 비가 새벽녘에 잦아들더니
멧부리에 햇살이 반짝인다

가뭄에 메마른 산비탈 자드락 논에
때늦은 단비에 모를 내는 손길이
살품*을 파고드는 바람처럼 가볍다

허공을 바라보며 무심하다는 듯
투덜거리던 농부의 구릿빛 얼굴에도
해맑은 미소가 쪽빛 하늘처럼
올해엔 대풍이기를 간절한 마음으로
기원해 본다.

* 매지구름 : 비를 머금은 거무스름한 빛깔의 구름
* 살품 : 옷과 가슴 사이에 생기는 빈틈

여름밤의 향연

불 꺼진 유리창에 얼비친
달빛에 놀라 꽃들이 운다
까만 밤을 사르듯 달빛에
취해 달맞이꽃이 활들 짝
놀라 노랗게 꽃물 들인다
풀벌레 소리 서글프게도
허공을 뚫고 텅 빈 밤을
가득 채우면
떨림은 가슴에 주저앉아
추억을 더듬거리다 달빛에
젖어 구름처럼 흩어진다
깊어가는 한밤 달이 지고
별들의 잔치 하늘 끝에서
밤새 소곤대다 해가 뜨면
달님을 닮은 달맞이꽃이
허기진 잠을 다독인다.

빗속에서 꿈틀거리는 희망

맑은 햇살이 그리워지는 장마철
조각구름 새로 빛살을 뿌려대니
쌍무지개가 강 건너에 천국 문을
활짝 열어 놓고 있다
후덥지근한 여름날 바람이 살품을
파고들어도 시원스럽지 않고
후줄근히 끈적끈적함이 묻어난다
먹구름이 사나흘 동안 주저앉아
퍼붓던 비가 삶의 숨통을 조이듯
쓸어버린 처참한 광경 속에 넋을
잃은 세상은 한 줄기 빛을 좇아
헤매이고 있다
수마가 할퀴고 간 곳마다 달려온
자원봉사자들과 구호품을 보면서
오늘 나는 흔들리는 영혼 속에서
꿈틀거리는 희망의 씨앗이 움트고
있음을 알았다.

6월 끝자락에는

보리밭 가는 길섶에 자잘하게 핀
개망초가 다붓다붓 하늘 향해
하얀 꽃잎 속 노란 속살 드리우고

바람결에 살랑 이는 흔들림에도
노랑나비 한 마리 사뿐히 내려앉아
길고 긴 혀로 짧은 입맞춤을 한다

나를 향해 마음을 드러내 보이듯
꽃잎을 여미고 비시시 웃고 있는
개망초 꽃 무리 사이로 청보리가
익어가고 있다

황금물결 너울대는 보리 모개미들
까칠하게 치켜세운 까끄라기들이
슬근거리며* 흩어진 지나온 세월을
이야기한다

갈매빛 짙어가는 사랫길 길섶에
고목이 된 고욤나무초리에 애기
고욤들이 묵주 알처럼 알알이
그리움을 새록새록 키우고 있다

6월 끝자락 자근거리는* 땀방울이
줄줄 흘러내리니
머잖아 내 고향에도 보리타작에
여념이 없겠지…

* 슬근거리다 : 서로 맞닿아 가볍게 스치며 자꾸 비벼지다
* 자근거리다 : 조금 성가실 정도로 은근히 자꾸 귀찮게 굴다

설움 한 줌 떨구고

쏟아지는 졸음처럼 자드락 거리며
퍼붓는 빗물이 길을 내며 흐른다

다따가* 예상치 못한 일상의 하루
더위를 삭혀주건만 빗속을 헤매는
나그네 발길이 천근만근이다

이 또한 지나가리라는 막연한
진리 앞에 태양은 반드시 뜨리라는
희망으로 살아온 세월만이 애섧다

오늘도 빛바랜 마음 훌훌 털며
먹구름에 빛을 잃은 태양의 그림자
쏟아지는 빗속을 걸어가는 나그네

질퍽한 황톳길을 쩔 끄덕이며 가는
응어리진 내 가슴에 설움 한 줌
비처럼 떨구고 가면 얼마나 좋을까.

* 다따가 : 난데없이 갑자기

섶다리 건너갈 그때는

섶다리 건널 때
얼비친 나신의 아름다움에 놀라
한참을 바라보다 풍덩 빠져버렸던
젊은 날의 초상들이 이제 다신
돌아오지 않을 강물이 되어버렸다
해마다 농번기가 끝나면 섶다리를
새로 놓았지만 이젠 건널 수 없는
멀고 먼 태곳적 울 엄니 젖무덤이
되고 말았다
흘러가는 구름처럼 지나간 세월의
그림자를 벗어던진 고향은 변신 중
시멘트 다리가 놓이고 자동차가
내달리며 어릴 적 추억의 흔적을
통두리째* 지우고 있다
한여름날 저물녘 시냇가에 노을이
얼비치니 피라미들이 깜짝 놀라
널뛰기하듯 펄떡 뛰어 물 밖으로
튀어나와 세상 구경을 한다.

* 통두리째 : 있는 전부를 모조리 〈송두리째의 충남방언〉

상사화

달포 지나도 오지 않던 비가
매지구름 몰려와 한줄금 퍼붓는
늦여름 날 오후
먼지 방울 튀기며 메마른 가슴
촉촉이 적시우니 우후죽순처럼
가녀린 꽃대들이 삐죽 돋아나
한줄기 가슴 시린 꽃 모개미를
슬그머니 내민다
이미 이파리는 지고 없는데도
영혼의 긴목 치켜세우고 보고파
얼굴 드리운 그리움의 꽃이 된
여인 상사화여!
가슴속 펄펄 끓는 피 토해내듯
한적한 숲속 혼자선 외로웠나
다붓다붓 피어 사랑의 손짓으로
살랑이는 한 맺힌 영혼의 꽃
텅 빈 내 마음밭에 그리운 별이
되어 서러움의 꽃으로 다가와
붉게 피어오른 여인의 넋이여!

수마의 흔적들

밤새 내리던 폭풍우가 그치더니
아침 녘 영롱한 이사 빛 반짝인다
문 두드리는 바람이 구름을 데려간
하늘은 쪽빛 바다 같이 파랗다
아픔을 주고 간 수마의 흔적들이
거리엔 즐비하게 차들이 물에 잠겨
두 눈만 말똥 말똥거리듯 비상등만
깜박이는 날벼락 맞은 요지경 세상이라
발목 잡힌 실골목*엔 널브러진 자갈과
흙더미가 뒤엉켜 나뒹굴고 있다
수재민의 긴 한숨 소리 들리는 듯
바람 한 점 없는 한낮 나팔꽃들이
시름시름 몸살을 앓듯 꽃잎 저미는
널 바라보니 왠지 마음밭에 묻어둔
질곡의 날들이 자근자근 떠오른다.

* 실골목 : 폭이 썩 좁은 긴 골목

한 여름밤 이야기

산골 외딴집 저녁밥 짓는 굴뚝엔
흰 연기가 하늘로 길을 내며 삶의
영혼을 흩뿌린다
곤한 몸 다독이듯 자장가 불러주는
뒤란 신우대 댓잎 소리 들려오고
풀벌레 소리 밤 열기를 삭히지만
후덥지근한 열대야로
날 새도록 잠 못 이룬 울 엄니의
세월처럼 달빛에 젖어 들고
하얀 밤 여우별이 숨 고르며 빛을
토해내려 하지만 어둠에 갇힌다
어릴 적 마당에 멍석 깔고
모깃불에 감자 구워주시던 그리운
님이 보고 싶은 한 여름밤
어간마루에 누워 잔별을 세다
그만 스르르 잠들었던 추억들이
새록새록 떠오르네.

단비야 내려라

아직 봄인데도 한여름처럼 무덥다
목마른 대지가 불볕에 절인 듯이
바짝 메말라 있다
극심한 가뭄 때문에 논배미가 쫙
갈라져 거북 등 되어 올해 농사도
포기해야 할 처지라 한다
가뭄이 들면 어릴 적 울 고향에는
기우제를 올리던 날엔 신기하게도
여우비가 찔끔 내린 기억이 지금도
어렴풋이 생각난다
비구름이 몰려오는 오후 밀짚모자
깊게 눌러쓰고 삽 메고 집 나서던
아버지의 얼굴이 새삼 떠오른다
가슴에 주저앉은 그리움을 삭히듯
물꼬를 트시던 님의 환한 얼굴이
자꾸만 뇌리를 스쳐 지나간다
그때처럼 단물 같은 비야 내려라
감로수 같은 단비를….

한여름 날의 그리움

무더운 한여름날
저물녘 매미와 여치 소리가
장단 맞추며 합창을 해대니
정신이 혼미하도록 요란 타

님찾는 애끓는 사랑의
노래가 메아리 되어 귓전에
아롱지고 여름밤 잔별들이
밤새도록 그리움을 토닥이고

풀벌레도 지쳐 잠들면 곤한
밤하늘에 꼬리별이 길고 긴
여운을 남기우고 사라진다

무더운 한여름 밤 울 엄니가
모깃불에 구워주시던 감자가
생각나는 어릴 적 추억들이
새록새록 마음밭에 차오르네.

접시꽃 그대여

해 뜰 참
꽃잎들이 바람 타며
꽃 멀미*에 취했어도

초여름날
뜨겁게 달군 한낮
그대 사랑 목마름에
하늘 높이 층층이도
탑을 쌓는다

애절한 기다림에
마디마다 그리움을
매달아 놓고

밤낮 없이
소담스레 미소 짓는
내님을 닮은 접시꽃
당신이여.

* 꽃 멀미 : 꽃의 아름다움이나 향기에 취하여 일어나는 어지러운 증세

달맞이꽃

어둠을 사르는 한 여름밤
만월을 닮고 싶어 휘영청 밝은
달밤에 피었더냐

무더위가 기승을 부리고
열대야가 허공에 매달려 밤새
잠 못 이룬 나와 달리 달빛에
미소 짓는 그대가 부럽구나

이슬에 젖은 꽃잎들이 달빛에
그을려 윤슬처럼 아롱지게
빛나는 그댈 보노라니 오늘도
시름 하나를 내려놓는다

새벽 공기를 가르며 내달리는
기차 소리 아련히 들려오고
처연한 달빛에도 희망의 꽃을
피운 그대가 정녕 아름답구나.

2부

**가을 나그네
겨울로 가네**

가버린 가을날의 애상

민둥산 멧부리에 뭉게구름이
내려앉은 듯 새품*이 비단결같이
눈부시게 살랑거린다

서걱이는 새밭* 산허리엔 오색 빛
곱게 물든 단풍잎이 살근거리고

곱게 단장한 여인의 절박머리*에
흰 고깔 모를 씌운 듯 매혹적인
정취가 황홀경이다

사위어가는 만추 녘
공허한 마음밭을 채울 수 없으니
허전함을 바람에 실려 보내고
사랑 찾아 떠나는 가을 나그네가
되련다.

* 새품 : 억새의 꽃
* 새밭 : 띠나 억새가 우거진 곳
* 절박 머리 : 결이 좋은 머리카락

꽃 무리

다붓다붓
꽃 무리 진 들국화가
살 그래 반겨주는
가을 녘

꽃 멀미에 취해
누운 추억의 그림자가
푸른 옷을 벗는다

젊은 날
아내와 함께 거닐었던
한강둔치 꽃밭에 들러
꽃구경하던 옛 추억을
더듬거릴 때

한가로이
노닐던 비둘기 한 쌍
꽃 숲에 숨어 사랑을
속삭이네.

가을 문 활짝 열고

뻥 뚫린 쪽빛 하늘이 눈에 밟힌다
거슬리던 매미 소리도 요 며칠 새
흔적 없이 사라지고 오색 빛 물든
계룡산 산허리에 가막새 슬피 울고
고향은 지금 가을빛 물들이고 있다
무더웠던 여름도 지나 가을 태풍이
할퀴고 간 자국들이 하나둘 치유가
되어가고 아픔도 절망도 이 또한
지나가니 농부의 맘도 한결 가볍다
돌아보면 여름이 발치에 있었고
가을바람 타고 내달려오듯 창공이
유난히도 높아 보이는 까닭은 아직
마음자리에 고이 간직한 한 줌의
그리움을 토해내지 못하고 불빛을
쫓는 불나방들처럼 돌고 돌아가는
사계절 수레를 타고 가을의 문을
활짝 열고 있다.

가을빛 같은 우리들

구름 한 점 없는 가을 녘
바다에 풍덩 빠져 허우적거리듯
착각의 늪에 들어선 쪽빛 하늘

이내 마음은 어느새 바닷속에
영혼을 던지고 싶은데 내 님은
발목 부여잡고 놔주질 않는다

바람만 일어도 내 가슴 조이던
질곡桎梏의 세월처럼
빛깔 곱게 빚은 산허리 길섶에
들국화 한 송이 허전함을
다독여 주듯 지지 않을 영원한
꽃으로 남고 싶은 삶의 이 길

고향 뒷산 자욱길*을 뛰어 가다
돌부리에 걸려 고무신 한 짝이
홀러덩 벗겨져 풀숲에 쏜살처럼
내동댕이쳤던 그 시절

그래도 그때가 좋았다 하거늘
눈썹 씨름하는 사이 훌쩍 지난
세월이 애섧구나

만추 녘 같은 우리 삶이 아무리
좋다 한들 젊음에 비할까
중년이 지난 우리는 고갯마루를
넘어서 가고 있는 것을….

* 자욱길 : 오가는 사람이 드물어 흔적이 날듯 말 듯한 오솔길

가을을 데리고 간 바람

계룡산 자락에 눈 부신 햇살의
몸부림으로 푸르디푸른 나뭇잎이
하나둘 자신의 영혼을 불태우듯
붉게 타오르고 있다

요 며칠 새 산허리로 내달려와
곱게 물든 단풍잎이 내 마음을
휘감는다

새품의 속삭임에 영혼을 뺏긴
그대는 내 여인의 마음 이런가
둘이 하나 되어 부부의 연을
맺은 가을날 우리 사랑 이야기
메아리 되어 출렁일 때

진 노랗게 분칠한 싸리잎 하나
주섬주섬 데려갈 가을바람이
애젖하게* 마음자리에 살 그래
데려와 가을을 묻는다.

* 애젖하다 : 안타깝게 애틋하다

깊어가는 가을 녘

해저물녘
풀벌레 울음소리
고독을 달래주고

가을밤
날 새도록 님 찾는
그리움의 노래가

서글픔으로 다가와
심금을 울리건만

애절하게 불러봐도
대답이 없노라니

하얗게
지샌 밤 찬바람만
휑하니 그대 맘을
두드리네.

가을이 눈앞에서 아른거린다

관악산 마당바위 한세월 굽어본
해찬솔이 갈매빛 찬란하다

계절의 굴레 속에 여름 지나
가을이 눈앞에서 조잘대듯 붉게
물들인 나뭇잎들이 살근거리며
가을 노래를 부른다

바람이 한 여인의 가슴에
불 질러 놓고 달아난 남정네의
뜨거운 입맞춤에 수줍어하듯
곱게 여울진 나뭇잎이 한눈에
가득 들어와 번뜩인다

토끼 능선을 타고 하산하는 길
살 그래 가을 내음이 속삭이듯
구절초 진한 꽃내음이 코끝에
머물며 떠나지 않는 가을 녘이
한동안 아른거리네.

계룡산 가을빛 여울지고

계룡산
옥녀봉에 오색 빛
여울지니

산모랭이길
돌고 돌아 멈춰 선
산허리마다

꽃단풍잎
속삭이듯 눈앞에서
살랑이고

들국화
꽃내음 긴 여운을
남기우니

만산홍엽
가을 산이 뜨겁게
불타오르네.

결실의 계절

지지 않을 것 같은 가을꽃들이
시들어가듯 우리 인생길도
언젠가는 종착역이 있기 마련
떠나가는 계절이 볼 서럽구나!

오뉴월 무논*에 모를 내고
여름날 긴 가뭄도 장마마저도
이겨내니 가을들녘에 잘 여문
벼 모개미들이 살근거린다

추적추적 내리던 갈비 그치고
이별 노래 부르는 찬바람의
속삭임에 곱게 물든 단풍잎이
우수수 흩날린다

민둥산 산허리 새밭*에 새품*이
나래를 활짝 펴듯 두둥실 넓은
세상을 굽어보며 영혼의 꽃을
흩뿌리며 만추晩秋를 데려가네.

*무논 : 물이 괴어 있는 논
*새밭 : 띠나 억새가 우거진 곳
*새품 : 억새의 꽃

그리움을 달래는 가을 녘

이사 빛* 반짝이는 아침 녘
풀잎 끝에 맺힌 이슬방울들
영롱한 수정처럼 반짝이고

메뚜기 땅개도 누렇게 바랜
바라구*처럼 푸른 옷을 모두
벗어 던지고 갈색의 외투로
갈아입고 가을맞이를 한다

멧부리에 된서리가 허옇게
내려 분칠하면 주눅이 든
나뭇잎들이 붉게 물들이고
유혹의 빛에 놀란 찬바람이
가을을 데려간다

만추 녘 눈에 띄는 단풍잎
하날 주어 책갈피에 묻으니
찬란한 가을빛 사위어간다.

* 이사 빛 : 이른 아침에 뜨는 따사로운 햇볕
* 바라구 : 바랭이의 충청도 방언

가을 문턱

잔잔한 개울가에 빛살이
내려앉아 윤슬처럼 반짝이니
가재가 깜짝 놀라 뒷걸음질 치며
가을을 넘나든다

가을 문턱에 서성이는 한낮에
상수리나무를 오가는 다람쥐와
청설모가 영역 다툼에 산중엔
시끌벅적 야단법석이다

처서가 지나고 갈맷빛* 들녘엔
볏 모개미들이 삐쭉 고개를
쳐들고 가을을 데려오고 있다

고추잠자리 떼를 지어 들녘을
넘나들고 벼 이삭들이 알알이
여물어 가는 들녘에 참새떼가
가을의 문을 활짝 열고 있다.

* 갈맷빛 : 〈순우리말〉 짙은 초록빛

꽃내음

무덥던
여름날이 슬그머니
풀이 죽더니만

선선한 가을바람이
살품을 파고든다

큰댁 가는 길
고갯마루 길섶에
만발한 구절초

꽃향기가
코끝에 스멀스멀
파고드니

온몸을
휘감으며 추억을
더듬거리게 하는
고향 내음.

단풍잎 하나

립스틱 짙게 바르고 어딜 가시나
바람난 되모시의 몸부림이던가
황혼빛 찬란한 석양의 노을처럼
계룡산은 만산홍엽이라

한 떨기 홀로 핀 들국화처럼
살랑이는 바람결에 불을 사르고
현란한 춤사위에 외로운 길을
떠나는 단풍잎 하나

별리의 슬픔은 허공에 흩어지는
구름처럼 주워 담을 수 없지만
봄 오길 기다리며 가을빛 사랑
건네주고 떠나간 영혼의 눈동자

오래된 시집
책갈피에 님의 영혼을 묻고
고운 추억을 마음밭에 새긴다.

나뭇잎 곱게 물들여지고

열 구름이 광활한 하늘을
더 파랗게 하고 솜털인 양
산마루에 주저앉아 중년의
가슴에 모닥불을 지피고는
떠나질 않는다

푸르던 잎들이 하나둘
여울지게 물들이니 바람에
가을빛이 살랑거리며
내 마음을 흔들어 놓는다

산허리 자욱길에
하얗게 핀 산국이 싱그러운
가을 향기를 품으니

코끝에 그 내음 그윽하고
쏟아지는 추억이 한올 지게*
휘감으며 마음을 적시네.

* 한올 지다 : 〈순우리말〉 한 가닥의 실처럼 매우 가깝고 친밀하다

사계의 흔적이 사라지면

10월 초에도 무더위가 기승을
부리더니만 선선한 가을 날씨에
들국화 향기 스멀스멀 코끝에서
서성거리고
설악산 산허리는 아직도 푸른데
대청봉에서 차박차박 구름 타고
내려온 천사의 손길에 나뭇잎이
곱게 물들여 간다
이른 아침 뚝 떨어진 기온 탓에
살품을 파고든 바람이 떨림으로
다가와 설렘을 흔들어 놓고 있다
살랑이는 단풍잎 바라보며
추억을 더듬거리니 지난 가을날
산행이 떠오르지만
훗날 사계四季 중 여름과
겨울만 있을 것 같은 아쉬움이
왠지 씁쓸해지는 까닭은 사계의
물음표에 답을 찾는 중이다.

태백산 에움길

산허릴 가로질러 위험천만한
너덜 길*을 돌고 돌아 태백산
천제단 정상에 오르면 세상이
내 발아래에 있다

주목 군락지엔 오방지게*
모진 세월 견디며 고목이 된
긴긴 세월 동안 망부석처럼
세상을 넌지시 굽어보고 있다

마술 부리듯 된바람이 불면
울긋불긋 물들여진 산기슭에
불타듯 꽃단풍이 황홀 지고

불길을 뚫고 지나가듯 오색
찬란하게 물든 산을 오르는
님의 얼굴도 가을 산을 닮아
해맑은 미소 그윽하다.

* 너덜길 : 〈순우리말〉 돌이 많이 깔린 비탈길
* 오방지다 : 〈순우리말〉 옹골지다

진 고개 무지개

고갯마루에
매지구름 몰려와
설움 한 줌 쏟더니

뭉게구름 사이로
해맑은 빛기둥이
내려앉아 속삭인다

운무에 갇힌
황홀 진 무지개가
피어오르고

환호성에
깜짝 놀란 가막새
울음소리 긴 여운
메아리 되어
내 마음에 다가와
아롱지네.

초가을 문턱 처서

무더운 날씨가
슬그머니 누그러지고 시원스레
갈바람이 살랑 이는 10월 중순

무심코
지나치던 자투리 꽃밭에
살살이 꽃이 바람결에 살 그래
인사를 한다

한낮 뙤약볕에 잠자던 나팔꽃도
해거름 녘 생기를 되찾고는
나발을 불어대는 초가을 녘

모기떼가 극성을 부리던
여름과 가을 환절기 속 헤매던
늦더위로 인한 하소연 소리가
조곤조곤 내 곁을 스쳐 지나듯
가을이 메아리 되어 다가온다.

* 조곤조곤 : 〈순우리말〉 자세하고도 차근차근한 모양

만추 녘

토담 밑에
주저앉은 눈에 밟힌
꽃 한 송이

꽃잎에 맺힌
이슬방울 윤슬처럼
눈부시고

햇살 좇아
서면 따스한 온기가
온몸에 퍼진다

해거름 녘
황금들에 참새떼가
넘나들며

새 떼 쫓는 소리
바람에 실려 귓가에
아롱지고

집으로
돌아오는 농로 길섶
살살이 꽃*

바람결에
애간장을 녹이듯
춤을 추는 만추 녘.

* 살살이 꽃 : 〈순우리말〉 코스모스

감잎은 가을빛이다

가을 아침 곱게 물든 단풍잎이
능선을 타고 산허리에 주저앉아
유혹의 빛으로 눈인살 한다

큰댁 뒤란 고목이 된 감나무를
조막손 불끈 쥐고 흔들어보지만
가을은 아직도 허공에 매달려
농익은 얼굴로 손짓하니 한없이
작은 눈망울이 바람결에 뚝뚝
떨어진다

감나무초리에 까치밥 두서너 개
가막새 넘나들며 쪼아 데지만
아직 설익은 감을 눈요기 하다
그만 줄행랑치듯 달아나고

저물녘
바람결에 떨어지는 붉게 물든
감잎 만추가 볼 서럽다.

가을비

추적추적
가을비 내리는 소리
요란타
숨 막히던
더위가 발치 아래로
물러서니
가뭄에
시달리던 내 마음을
달래주듯
가을이 성큼
다가와 그대 앞에
서성거리고
울긋불긋
단풍잎 곱게 물들인
가을 녘
찬바람에
떨어지는 영혼만이
애섧다.

가을빛 물들이고

푸르던 나뭇잎들이
곱게 물들고 산중의 청설모가
분주하게 알토란같은 가을을
물고 어디론가 사라진다

산허리에 단풍잎이 살랑살랑
바람의 유혹에 리듬을 타며
흩날리니 이별의 애수가 왠지
불 서러움으로 다가오고

몸부림치듯 나부끼는 소리
들릴 듯 말 듯 계곡물마저
가슴 시리도록 너 곁을 싣고
정처 없이 떠내려간다

만추晩秋가 슬그머니
멧부리 너머로 발끝걸음 질에
슬금슬금 황혼빛 물들이며
진한 가을빛을 삭힌다.

가을꽃

들국화
꽃송어리 앙증맞게
피었구나

바위틈에
올망졸망 하얀 꽃섬
만들더니

나뭇잎 진
민둥산에 가을빛만
여울지네

구서당 가는
고갯마루에 노송은
변함없거늘

그립구나
아른거리는 고향의
가을풍경이….

겨울로 가는 골목

비가 추적추적 밤새 뒤란
신우 댓잎을 흔들어 깨운다
먹구름이 걷힌 한낮
나뭇잎들이 하나둘 바람에
떨어지며 그만 이별 노래
부르며 흐느껴 운다
언젠가 헤어짐을 알면서도
별리의 아픈 가슴 후비듯
단풍잎이 사위어가니
이사 빛 여울진 만추 녘에
서성이는 찬바람이 겨울로
데려가려 한다
오리나무가 자신의 일부를
도려내듯 잎 떨구면 앙상한
나목 들이 동안거에 들어
한잠을 자려 하네.

슬금슬금 겨울을 데리고 온다

햇살이 정겹게 살품을 파고드는
자투리 공원 꽃밭에 알알이 여문
해바라기가 힘에 겨워 고개를
떨구고

즐비하게 서 있는 가로수 은행잎
우수수 꽃보라 일며 삶의 흔적을
슬그머니 내려놓고

인도 길섶에 다붓이 널브러져
노란 카펫을 깔아놓은 듯 오가는
이들 발길에 입맞춤하고 있다

추수 끝낸 텅 빈 들녘은 어느새
두루미들 먹이 찾기에 여념 없고
길섶에 살살이 꽃들이 바람결에
작별 인사하듯 꽃잎이 떨어지니
가을이 슬금슬금 겨울 마중하네.

3부

그대만을 위하여

곰삭은 세월

건들바람
소슬하게 님의 살품
파고들면

질곡의 세월
잊지 못할 서러움을
삭히고

또 삭히어 들추어낸
곰삭은 추억들

우리님의
일생은 희생의 눈물
한 양동이

한 움큼
쏟아낸 님의 설움이
빗물 되어 흐르네.

* 건들바람 : 초가을에 서늘하게 선들선들 부는 바람

내게도 단비가 내린다

매지구름이 몰려와 달과 별을
가리고는 밤새 떠나지 않고
작달비가 자드락 거리며 한밤을
발가벗겨버리며 설잠을 깨운다

하염없이 내리는 비가 목마른
세상을 적셔주고 삶의 과거를
씻겨주는 단비가 내린다

슬픔의 눈물을 흘리며 버거웠던
마음밭을 말끔히 씻기우니 지난
설움을 갈무리하듯 내 삶에도
단비가 내린다

질곡의 5년 세월 동안 삶의
꽃을 피우지 못했지만 고통에서
벗어나는 오늘에서야 드디어

내 생애에도
단비가 세차게 내리니 기쁨의
눈물이 빗물처럼 흘러 내린다

화려하지 않아도
향기로운 꽃을 바라만 보아도
영원히 지지 않을 것 같은
너처럼

이제 나도 내 삶을
다독이는 영혼의 꽃으로 피어
고통을 승화하는 인생의 꽃을
한번 피워보리라.

그대 영혼 달래주는 바람

한밤 불 꺼진 창가에
홀로 앉아 흔들리는 희미한
가지 등불 아래에서 그대
눈빛은 허공에 그네를 타는
왕거미가 되어간다
빛을 잃은 여우별도 달도
풀벌레도 지쳐 잠들었건만
숨소리조차 커진 이 한밤
한 번만이라도 고백해 볼걸
그대가 떠난 뒤에 통한의
후회가 바람 꼬리에 매달려
밤새 흐느낄 뿐
불면의 밤 지새우니 너의
영혼을 다독여 주는 바람만
횡하니 불어와 그대 멍든
마음밭을 다독이며 아침을
활짝 연다.

황사의 심사

바람결에 살랑살랑 라일락 꽃
향기가 새벽을 활짝 여니
더 말할 수 없는 아침 햇살이
시리도록 눈부시다
순백의 목련꽃처럼 흐드러지게
핀 꽃들이 하늘거리는 봄날에
꾸물꾸물 뿌옇게 그을린 하늘
숨 막히듯 황사가 달포 지나도
봄을 휘감으며 심살 부리지만
자드락자드락 퍼붓는 단비가
황사를 말끔히 씻기우니
봄 향기 가득 코끝에 그윽하다
햇살 좋은 봄날
관악산이 한눈에 가득 들어와
살근거리듯 푸르름이 유혹의
날개를 활짝 펼친다.

꿈같은 인생길

파릇한 봄날 하얗게 꽃보라가
흩날리면 벌 나비가 향기 쫓아
날아가 다시는 오지 않는다
바람의 유혹에 떨어진 꽃잎이
다붓다붓 탑을 쌓고 곱디고운
얼굴을 태우듯 탈색된 꽃잎들
아우성이 들려오는 듯하다
꽃피는 춘삼월 지나 무성히도
자란 잡초들 사이로 길을 내며
쇠똥을 굴리며 가는 쇠똥구리
자기보다 몇 배나 되는 운명을
데굴데굴 굴리며 험한 여정을
헤쳐 가듯 우리도 버거운 삶을
비껴갈 수 없지만 사노라면
봄날같이 청초한 나날들이
아닐지라도 추억을 더듬거리며
사는 삶이었으면 좋겠네.

그리움 하나

선선한
찬바람이 그리운 늦여름 한낮에
심지마저 태워버릴 듯한 열기는
식지 않고 열대야로 인해 우리는
뜬눈으로 밤을 삼키며 울먹인다
반짝이는 잔별들처럼 마음자리에
그리운 님의 얼굴을 묻고
어리마리하다 눈썹 씨름만 한다
밤새도록 달빛에 젖어 분칠하면
창밖에 허공을 헤매는 눈동자만
말똥말똥 잠 못 이룬다
해가 차오르는 아침 이슬 밭에
희망의 빛살을 토해내면 별은
하얀 꿈을 꾸며 깊은 잠이 든다
밤이면 다시 또 그리움 하나를
가슴에 묻고 토닥이면 잔별들이
하나둘 깨어나 얼굴 드리운다.

그립다하면 더 그리워진다

구름이 해를 가린 이른 새벽녘
들녘의 거미줄에 먹잇감은
걸리지 않고 이슬방울만이 맺혀
축 처진 네 모습이 마치 나를
보듯 가슴이 아리다
엄마 잃은 아기 염소처럼 맘껏
뛰어놀 수도 울 수도 없는 이내
신세가 애섧기만 하다
꽃이 피면 지듯 우리도 언젠가
떠나겠지만 님을 잃은 가슴에
고이 묻고 돌아오는 길 한동안
발길이 떨어지지 않는다
이제 다시 뵐 수 없는 엄니를
마음밭 언저리에 묻어 놓았지만
아직도 시집살이 애환이 숨 쉬는
검게 그을린 부뚜막 아궁이처럼
님의 모습 잊지 못하고 어릴 적
저녁밥 지어주시던 님 그리움이
쌓여가는 계절 가을이 다가온다.

기약 없는 기다림

노을 진 수평선 너머로 가뭇없이*
여객선이 길을 내며 지나간 자리엔
출렁이는 물결이 잡아먹듯 허옇게
포말이 일며 물속으로 사라져 간다
몰강스레* 뿌리치는 힘겨운 눈길에도
한마디 말도 못 하고 손사래만 치며
달아나는 해그림자처럼 한 번쯤은
돌아볼 만도 한데 아랑곳하지 않고
떠나가는 얄미운 사랑
해연풍이 백사장에 그림을 그리는
화가의 손길처럼 숨결을 불어 넣고
떠나간 님의 빈 발자국을 모래밭에
묻고 기약 없는 기다림을 속절없이
다독이며 잠을 재운다
오늘도 긴긴밤 홀로 남아 갯바위를
베개 삼아 자장가 불러주는 파도
소리에 그만 잠이 든다.

* 가뭇없다 : 전혀 안 보여 찾을 길이 없다
* 몰강스럽다 : 〈순우리말〉 모지락스럽게 못 할 짓을 예사로 할 만큼 억세거나 야비하다

까만 밤의 꿈

한세월 사노라니 내게도 작은
꿈마저 희미해져 가고
으스름달밤 잔별들만 어둠을
사르건만 시름없는 여우별이
쏜살같이 반짝이며 지난날
삶의 흔적을 사른다
아직은 때가 아닌데도 영혼을
태우며 사라지는 꼬리별처럼
삶의 길 걷노라니 허허한 맘을
토닥이듯 이슬비가 추적추적
내리니 어둠 속에 갇혀 근심의
탑을 쌓는다
나의 꿈은
꺼져가는 가로등처럼 오가는
상념의 끈을 끝내 놓지 못하고
까만 밤을 허옇게 태운다.

그리움을 묻고

열사의 나라에 온 것 같은 무덥던
열기는 어디로 갔을까
며칠 새 조석으로 부는 찬바람이
살품을 파고드니 온몸에 좁쌀이
돋아나듯 스산한 날씨에 옷깃을
여미우게 한다
처서가 지난 9월 끝자락 달력도
덜렁이며 떨어질 듯 매달려 있다
매스컴에서는 설악산 단풍이
10월 초순이면 절정에 이른다고
하거늘
가을의 전령사인 살살이 꽃들도
울긋불긋 길섶에 꽃길을 펼치니
문득 어릴 적 추억들이 되살아나
눈에 아른거린다
뒤돌아보니 그리 멀지도 않은데
먼 길을 돌고 돌아 달려온 삶의
길에 파묻혀 그리움을 묻는다.

나보다도 네가 났구나

봄이 훌쩍 지난 여름인데도
때를 잊은 영산홍 두어 송이가
바람결에 살갑게 숨바꼭질하며
눈 맞춤을 해덴다
봄꽃 축제가 끝나고 푸르른
청춘의 닻을 올렸건만 그대는
어찌하여 이제야 피었나!
갈매빛 살랑이는 꽃밭에 숨어
나에게 속삭여 주는 널 보니
어쩐지 내 영혼이 초연해진다
네 삶이 그랬듯 때를 잊고
세상에 나와 삶의 꽃 피우니
그래도 너는 나보다 낫구나!
늦게나마 철이 든 나에게도
그대가 있어 나도 작은 소망
하나 키워보련다.

희망의 불씨

한밤 모닥불 지펴놓고 찬기를
삭이니 불빛에 그을린 그날이
떠오른다

정겨웠던 추억들이 모락모락
불꽃으로 피어올라 무지갯빛
젊은 날의 초상들이 밤하늘에
반짝이는 잔별이 되어간다

베짱이 같은 지난날이 이제는
몸 하나 누울 곳 없는 신세가
되어보니
꺼져가는 불씨마저 날 비웃고
나이 들어 분별없이 사노라니
비렁뱅이가 되었지만

다시 한번 으서지는 내 영혼을
다독이며 꺼져가는 희망의
불씨를 피워보리니
꿈을 꾸는 자여 우리도 한번
지금 다시 해보자꾸나.

가는 길

부질없는 세월 덧없는 기다림은
빛처럼 흘러가고 바람만 불어도
아파하는 소화 素花의 순정처럼
그대는 연약한 풀꽃 같은 것
아무리 고난의 길을 걷는다 해도
두렵거나 슬퍼하지 않으리니
사랑하는 이와 함께 가는 길은
참 행복으로 가는 지름길이다
삶의 끝자락에 이르면 가욋길을
지나왔어도 모두 천국으로 가는
길은 오직 외곬*으로만 통할뿐
지금 갓 태어난 우리 아이들도
기다려주지 않은 세월 앞에 선
우린 왠지 낯설지 않아 좋다
언젠가 우리 님이 가신 그 길을
따라나설 그때쯤 알게 되겠지.

* 외곬 : 한곳으로만 통하는 길

너덜 길 걷다 보면

덜컹거리는 삶의 길이 애섧다
한철 그리움의 꽃이 피던 어느
봄날 관악산 연주대 산행길에
태양의 발자국처럼 벌나비 되어
꽃을 찾아 길라잡이 되어주듯
그대 영혼 불태우면
산꽃이 온산을 분홍빛 물들이고
저물녘 찌들은 삶의 흐느낌처럼
꽃잎이 스멀스멀 시들어간다
나도 그대 눈물 같은 설움의
꽃을 피운 무명초처럼 우리들도
자잘하게나마 저마다의 꽃을
활짝 피우고 있다
피고 지는 봄날 기쁨과 슬픔이
교차하는 그날처럼 오가는 길이
낯설지만
너덜 길*을 걷다 보면 한 번쯤은
그대들도 좋은 날 있으려니
우리도 작은 꿈 하나 품자꾸나.

* 너덜길 : 돌이 많이 깔린 비탈길

내님의 사랑은

날마다 아침이면 해맑은
얼굴로 나를 깨우는 님의
손길이 따스하다

귀엣말로 살 그래 속삭여
주는 정겨운 님의 목소리

살갑도록 미소가 어여쁜
다정스러운 말 한마디에
아침을 맞는다

못난 詩人의 조강지처로
산고產苦를 통해 4남매의
강한 엄마로 삶을 살아온
변함없는 님의 사랑

우리 가족에 행복을 주는
그대는 천사요 보배라.

희망의 빛을 찾아

쪽빛 하늘이 내려앉아 맑은
햇살의 청초함이 한가득이다
산마루에 연분홍빛 산꽃이
난만하게도 피어 살랑거리며
그 누구를 기다리다 얼굴을
붉히며 처연히도 피었는가
해마다 봄은 오지만 떠나간
세월의 마차는 잠시 쉬어갈
정거장도 돌아갈 길도 없다
사노라면
추억을 토닥이는 그리움만이
쳇바퀴 돌 듯 맴돌고 있다
한 줌 허한 영혼을 움켜쥐고
홀로 길 떠나면 빈 가슴
채울 희망의 빛 좇아 미지의
세계로 떠나는 조각구름처럼
한 발 한발 발길을 옮기는
뚜벅이가 되어간다.

들꽃이고 싶다

길섶에 흐드러지게 핀 들꽃을 보노라면
세상에 찌든 삶의 여정을 뒤로하고
잡초 속에 파묻혀도 굴하지 않고 긴목
빼어 들고 꽃을 피우는 들꽃이고 싶다
봄에 피어 가을이면 시들어가는 너라도
나는 좋아 내가 네가 될 수 있다면
얼마나 좋을까

포장된 도로를 뚫고 나와 꽃을 피우며
삶을 이어가는 그대를 보노라면 새삼
내 의지가 얼마나 나약했던지를
중년의 나이가 되고서야 깨닫게 되니
그 얼마나 다행인지 모른다

아무도 알아주지 않아도 묵묵히 꽃을
피는 너지만 농사짓는 이에겐 지탄의
세례를 받고 목숨을 연명할지 몰라도
길섶에 다붓이 얽히고설키며 상생하는
초원이야말로 천국이 아닐까

그대들처럼 우리가 머물고있는 이곳이
바로 천국이다

때늦은 후회의 얼굴엔 세월의 흔적인
잔주름이 즐비하고 빈대 머리 위에는
흰 꽃처럼 흰 오리*가 활짝 핀 삶의
끝자락이지만 그래도 우리는 행복하다

가을 들녘에는 갈색 옷으로 갈아입고
자신을 내어주는 알곡과 잡초 사이에
편 가름하듯 농부의 눈에 거들떠보지
않아도 좋다

산야山野에 무성히 자란 잡초들 틈에
끼어 자잘하게 꽃을 피운 그대들처럼
나도 은은한 향기는 없어도 삶속에서
꽃을 피우는 들꽃이고 싶다.

* 흰오리 : 하얗게 샌 머리카락

4부

그리운 고향 녘

고향의 봄

따스한 봄날 길섶에 앙상한
나무초리마다 순백의 꽃들이
다붓다붓 흐드러지게도 피어
내 눈에 가득 들어온다

쌀 튀밥을 틔우듯 톡톡 피어
반겨주는 이팝나무 꽃들이
가만한 바람결에 살랑거리면
어릴 적 쌀밥을 지어주시던
우리엄니가 보고 싶은 봄날

고향 선영의 사랫길 길섶엔
쑥 냉이 나물들이 지천인데
봄을 캐는 내님의 얼굴에도
환한 미소가 한 바구니다

정성이 가득한 저녁 밥상에
냉잇국에 고향의 봄을 듬뿍
말아 먹고 향수를 달래련다.

고향의 향수

고향에 다다르니 굽이진 길
걷노라면 땅개가 푸드덕 날아
가로질러 가고 내가 살던 집
마당에는 잡초만이 무성 타

비스듬히 쏠린 헛간 기스락에
왕거미가 진을 치고 제집인 양
자리매김하고 미세한 바람에
한가로이 그네를 타고 있다

고목이 된 감나무만이 아직도
홀로 서 있건만 죽마고우들은
다들 어디 갔나!

보고파 한달음에 달려왔건만
왠지 허전한 바람만 살품을
파고드니 그리운 향수를 달랠
길이 없구나.

그리운 고향의 봄날

심술부리듯
된바람에 그만 꽃잎 떨구고
애써 힘을 다해 삶의 꽃을
피웠건만 금세 지고 말았네
며칠 새 초여름같이 따갑게
빛살이 내려앉아 눈부시게
진땀 흘리게 하더니 파릇한
새싹들이 훌쩍 자라 갈매빛
푸른 세상을 만들고 지나간
청춘을 곱씹듯이 흩어지는
꽃잎이 애섧구나
어릴 적
고향 선영 산마루에 산꽃이
자꾸만 눈에 밟힌다
봄날 앙상한 나무초리마다
자잘하게 꽃들이 다붓다붓
피어나면 산꽃을 따 먹으며
뛰놀던 죽마고우가 보고 픈
그리운 봄이 볼 서럽다.

고향은 언제나

휘영청 밝은 여름밤 함께
추억어린 감자를 먹으며
도란도란 정겨운 담소를
나누다 그만 꿈나라에 들면
고향으로 길을 나선다

굽이진 길을 돌고 돌아
고향 공주 큰댁 가는 길
성황당 고갯마루 노송은
예나 지금도 그대로이고

고향의 밤하늘에
총총히 반짝이던 잔별도
잠들고 고요한데 나 홀로
그리움에 젖어 멍하니
하늘 바라보면 여우별이
옛이야기를 속살거리듯
덧없이 흘러간 세월만이
애섧다 한다

이제는 뵐 수 없는 고향의
어르신도 흙 이불을 덮은
모이마당도 잡초만이 자라
무심한 세월을 탓한다

고향은 언제나 울 엄니의
젖무덤처럼 포근함이
정겨움이 마음밭 언저리에
늘 자리매김하고 있기에
꿈에서 깨어보면 허무함과
그리움만 더해간다.

산중에는

바람도
쉬어가는 산마루에

자욱한 운무 속에
뻐꾸기 슬피 울고

적막한
산중을 흔들어 깨운
세찬 바람 소리

새들도
쉬어가는 멧부리에
구름 걷히니

아침햇살에
나뭇잎들이 갈매빛*
짙어가네.

* 갈매빛 : 〈순우리말〉 검은빛이 돌 정도로 짙은 초록빛

삶의 무게

세월 가면 갈수록 삶의 무게는
천근만근이라
살아선 멈출 수가 없다 하던데
그렇게 한시도 시침은
쉬지 않고 돌고 또 돌아가지만

세월의 끝은 텅 빈
영혼 속에 묻혀 허우적거리고
살아 숨 쉬는 그날까지 보따리
한 짐 짊어지고 가는 나그네라

비울 수 없는 삶의 무게가
아무리 버겁고 힘이 든다 한들
죽음보다 더하랴만

숨이 붙어 있는 날까지 그대와
삶의 무게를 나누어 짊어지고
가노라면 아름다운 추억을
되새김질하며 살아가지 않을까.

죽마고우

보릿대 꺾어 불며 뛰어놀던 고향
들녘에 서성이니 풋보리 내음이
코끝에 그윽이 번뜩이는 청보리가
살근거린다*

사래길을 거닐다 문득 떠오르는
코흘리개 친구 얼굴들이 하나둘
바람처럼 살 그래 뇌리를 스친다

구서당 길섶 고목이 된 감나무에
자잘한 감꽃들이 난만한* 유월 초
애틋한 추억이 아지랑이 춤추듯
어울림으로 다가와 속삭인다

감나무 밑에 즐비하게 널브러져
있는 감또개*처럼 이미 세상 떠난
애 젊던 친구의 얼굴이 찬바람에
뚝뚝 흩어지듯 스쳐 지나간다.

* 살근거리다 : 서로 맞닿아 매우 가볍게 자꾸 스치거나 비벼지다
* 난만하다 : 꽃이 활짝 많이 피어 화려하다
* 감또개 : 꽃과 함께 떨어지는 감

한 잔 술에

녹아내리는 눈더미처럼
흩어지는 조각구름을 바라보니
내 마음이 아려온다

허송세월은 후회의 연속일 뿐
오늘도 허기진 배를 움켜쥐고
집으로 가던 길 고소한 내음이
진동하는 전집에 끌려 맛있는
파전에 막걸리 한잔 술에 설움
한 줌 푹 떨구어 구겨진 삶을
단숨에 마셔버린다

술잔 속에 흩어진 언어들처럼
버려진 지난 추억을 주워 담아
술잔에 가득 채우니 마음밭에
묻어둔 그리움들이 빈 잔 가득
넘쳐나 시간 가는 줄 모르고
술잔에 푹 빠져든다.

아카시아 꽃 범벅

산모랭이 길섶
흐드러지게 난만한*
아카시아꽃

그윽한
꽃내음에 흠뻑 취해
눈 감으면

어릴 적
추억들이 사근사근*
피어올라

보고픈
삼총사* 죽마고우가
떠 오르고

엄니가
만들어주신 아카시아
꽃 범벅

한 움큼
입에 넣고 놀던 봄날
그 시절 그리움이
사무치네.

* 난만하다 : 꽃이 활짝 많이 피어 화려하다
* 사근사근하다 : 매우 다정하고 붙임성이 있다
* 삼총사 : 정진성 최구현 그리고 나

산골 추억

산골 저녁밥 짓는 굴뚝마다
스멀스멀 하늘로 길을 내며
오르다 사라지는 연기처럼
떠나가는 나그네

찬바람이 몰고 온 먹구름이
주저앉아 자드락자드락 비는
그칠 줄 모르고 맘을 적시니

나룻물이 넘치도록 간직했던
추억이 하나둘 휩쓸려가고
가뭇없는* 죽마고우의 얼굴을
더듬거려보지만 이제 더는
떠오르지 않거늘

어이할꼬 정겹던 옛 친구들
세월 갈수록 희미해져 가는
뒤안길이 서글퍼지는 것을….

* 가뭇없다 : 전혀 안 보여 찾을 길이 없다

5부

일상의 애상들

빌딩 숲 바람길

우후죽순 건물이
하늘 높이 들어선
서울 도심 한복판

빌딩 숲 가로질러
세차게 이는 바람
마음을 흔들어 놓고

빼곡하게 들어선
고층 빌딩 숲
바람을 막아서니

하늘로 길을 내며
번잡한 골목길을
비껴가는 바람이
오갈 데 없다며
탄歎을 하는구나.

두메산골에서의 하루

고즈넉한 두메산골에 홀로 잠 못 이루던 밤
풀벌레 울음소리에 놀라 문밖에
허공을 바라보니 별이 쏟아진다
외로움은 빛과 어둠 새를 오가던
사유의 그림자에 묻혀 헤매이다
불뚝 튀어나온 고독이란 놈이
군내 나는 입가를 다독여 주지만
줄줄이 꼬리를 물고 집을 나서는
생쥐들처럼 날이 새도록 사유는
사유를 낳으니, 영혼만 말똥말똥
유유자적함이 좋아 찾아왔다만
겪어봐야 안다는 것을 느껴보는
첩첩산중 하룻밤의 이야기
오늘도 설친 잠 토닥이며 햇살의
따사로움에 그만 늦잠에 빠지네.

뒤안길이 그립네

그리 꿈도 많던 젊은 날이
어제 같더니만 꽃도 열매도
지고 청춘도 가버렸네

우리는 어느새 봄여름 지나
만추 녘에 서성이는 인생의
황혼 녘이라

서녘에
주저앉은 노을이 흩어지듯
한뉘*를 살다가는 나그네

애섧다 길고도 짧은 우리의
삶이란 그저 바람에 실려
정처 없이 흘러가다
흔적 없이 사라지는 뜬구름
같은 것을….

* 한뉘 : 한평생

매지구름 몰려오듯 내게도

매지구름 몰려와 시름한 육신의
땀을 삭혀주고는 바람이 흔적을
지우듯 비구름을 훌쩍 데려간다
우산도 없이 흠뻑 젖은 사람들이
망연자실이지만 얼굴엔 화색의
빛이 완연하다

달포가 지나도 오지 않던 비
오늘은 왠지 비를 맞으며 미더운
내 영혼을 씻기우고 싶다
구름 사이로 빛살이 강 건너로
내려앉아 쌍무지개가 피어올라
한동안 내 눈에 떠나질 않는다

타들어 가던 만물들이 숨 고르며
파릇이 일어나 온몸을 추스르니
나도 한 번 굽이진 삶을 곧게
치켜세워보련다.

물결 위의 잔영들

파란 하늘 해맑은 해를 담은
잔잔한 호수에 빛살을 뿌리니
구겨진 존재감도 잊어버린 채
버들잎 돛단배 되어 몸부림을
싣고 바람 이는 대로 떠나간다

호수 건너 수북이 쌓인 빛바랜
너겁처럼 낙엽이 공허한 삶을
다독이고

해거름 녘 황혼빛에 물든 호수
물살을 헤치며 가로질러 가는
원앙새가 시야에서 멀어져가면

어느새 만월이 눈 비비고 나와
인사를 하며 물 위를 달려가듯
두둥실 떠가는 달빛 그림자
물결 위에 잔영을 뿌린다.

발끝걸음 또 한걸음

가는 길이 험하고 힘들어도
한번은 가야 할 곬* 세월 앞에
무릎 꿇고 눈물 마르도록 더는
비껴갈 수 없는 삶의 길이다
기다림과 줄다리기하다 다시는
돌아오지 못할 곳으로 가버린
한뉘*의 삶이 바람처럼 왔다가
흔적 없이 가버린 세월
나이 들어 되돌아보니 어느새
해가 서산 너머로 기울어가듯
세월 앞에 우리의 삶도 기울어
가는 것을 세월아~ 세월아!
널 좇아간 발끝걸음이 무뎌져
천천히 가면 좋으련만 낙숫물
떨어지듯 이리도 빨리 가버린
인생길이 참으로 애 섧구나.

*곬 : 한쪽으로 트여 나가는 방향이나 길
*한뉘 : 〈순우리말〉 한평생

밤비야 내려라

메마른 대지에
매지구름이 주저앉아
밤새 비는 내리고

아린 마음을 달래려
홀로 걷는 이길
한줄금 감로수 같은
단비가 내리니 그만
설움 한 줌 삭혀주고

아등그러진* 내님의
가슴에 눈 녹듯 다시
웃음 짓게 하소서

어둠에 갇혀 헤매는
그대 영혼 달래주는
단비야 밤새 내려라.

* 아등그러지다 : 바싹 말라서 배틀어지다

별들의 전쟁

여름밤 달무리 진 하늘에
별이 어둠을 뚫고 사색의
빛을 토해낸다

그대 침묵 속에 적막은
고독의 십자가를 짊어지고
반짝반짝 말없이 내게로
다가와 속삭이고

밤을 지키는 파수꾼처럼
별 구름* 속 아기별 하나가
희미하게 미소 짓는다

서녘 하늘 달님이
멧부리* 넘어 기울면 새들이
아침을 깨우고
태양이 떠오르면 잔별들도
한잠을 청한다.

* 멧부리 : 산등성이나 산봉우리의 가장 높은 꼭대기
* 별 구름 : 성운

비 그치면 나는

새벽녘 유리 창문을 두들기는
빗방울 소리가 요란타
날마다 까치가 아침을 깨우더니
오늘은 천둥번개가 날 깨운다

달포가 지나도 오지 않던 비가
문드러진 마음을 흠뻑 적시고
목말라하는 고단한 삶을 말끔히
씻겨주고 군내 나는 영혼을
달래주는 단비가 자드락자드락
대지를 적신다

메말라 주저앉은 꽃들이 파릇이
일어나 휜 몸을 곧게 추스르니
힘들었던 날들이 해맑은 미소로
피어난다
비야 내려라 그대 영혼 달래줄
감로수 같은 단비를···.

살을 에는 무더위

왼종일 밤낮없이 폭우가 내린다
애타게 기다려도 오지 않더니만
비구름이 몰려와 덜컥 주저앉아
한참을 머물며 시들었던 영혼을
다독이듯 하염없이 흩뿌려댄다

가뭄에 목마른 대지와 나뭇잎이
폭풍우가 할퀴고 간 자국마다
생채기만 가득한데 찢긴 아픔을
아우르기도 전 밤이면 열대야가
기승을 부린다

버거운 삶에 한점 바람이라도
불면 좋으련만 오늘도 달궈진
백사장을 거닐 듯 뙤약볕에 진땀
흘리니 옷깃에 허옇게 삶을
수놓고 있다.

삶은 시어를 찾아

월력月曆이 이제 한 장만 남았다
신축년辛丑年 한해가 두어 시간이
지나면 영영 뒤안길로 사라진다

육십갑자 환갑 맞은 꿈같은 날도
훌쩍 가버린 세월도 허옇게 변색
된 빈대 머리처럼 마음에 묻어둘
그 무엇도 없다 한다

내 마음밭은 아직도 엄마 품에
안겨 쌔근대며 잠자는 아길 닮은
해맑은 애들 같은데 애고 애섧다
나그네 삶은 오롯이 희로애락의
영혼 저편에 떠오르는 시어처럼
한 편의 시가 되어 살아 숨 쉰다

오늘도 시인詩人은
한 떨기 들꽃처럼 꽃내음이 물씬
묻어나는 들꽃을 찾아 방황하는
방랑자라.

세월의 추억

가슴 깃*
스쳐 가는 찬바람이
얄밉구나
부서지는
절박 머리* 쓰다듬고
돌아서니
흘러간
젊음이 어제 같거늘
어느새
꿈같은
뒤안길이 바람처럼
가버렸나
아~ 이놈의 세월아
멈출 수는 없는가.

* 가슴 깃 : 가슴에 난 털
* 절박머리 : 좋은 머리카락

황혼 녘에 서성이니

강물은 유유히 흘러 어디로
가는 걸까
만무방*같이 살아온 한세월
덧없이 흘러 어느새 반백의
애 젊은이가 되었거늘

여름 한낮에 들녘의 뜸부기
님 찾는 애절한 울음소리
처량도 하건만 막다른 길에
다가서니 뒤안길 부질 없다
탄歎한다

삶의 황혼 녘
뒷덜미 잡은 지나간 세월이
야속하지만 이 세상에 나와
태곳적 우리 어머니 품으로
다시 돌아가고 싶은 까닭은
아마도 그리움 일 게다.

* 만무방 : 〈순우리말〉 부끄러움도 모르는 막된 사람

서로 사랑하라 끝날 그날까지

알싸한 맘이 왠지 가슴 시리다
물끄러미 바라본 님의 얼굴에는
설움 한 줌 토해내지 못하고
마음밭 깊이 간직한 삶의 상처를
지우려 해도 지울 수 없는 그대
사랑은 순백의 백합처럼 상큼한
향기가 스멀스멀 피어오르지만
상처를 주는 언행은 이미 후회의
탑을 가슴에 쌓아 둘 뿐
그저 작은 것에도 감사하며 살자
뜨겁게 달궈진 조약돌 위에서도
삶의 꽃 피울 수 있음은 살가운
믿음이 가득 가슴에 아로새겨져
있기 때문이다
강 건너 무지개가 활짝 열리고
천국으로 가는 그날까지 서로
사랑하며 살아가자.

아내와 함께 걸어온 이 길

거센 비바람도 눈보라도 함께
헤쳐 지내왔던 지난날 연약한
여인이지만 엄마로선 강인한
님의 몸짓은 사랑입니다

살살이 꽃 축제가 한창이었던
구리 한강둔치 길섶에 앉아
파란 하늘이 얼비치는 아늑한
한강을 바라보며 소녀처럼
조잘대는 아내의 고운 미소가
자꾸만 떠오르는 어느 가을날

바람결에 살근거리는 가을꽃
향기에 취해 콧노래 부르며 꽃길
거닐던 지난날을 더듬거리니
살 그래 미소가 절로 납니다

못난 詩人을 만나 살갑게 살을
맞대고 살아온 37년 세월만큼
더 함께하자며 다소곳한 님의
말 한마디에 그만 눈물이 납니다

돌아보니 둘이 하나 되던 날
신혼이 엊그제 같은데 어느새
아내의 절박 머리에도 허옇게
세월의 눈이 소복소복 쌓였듯
듬성듬성 흰 오리만 가득합니다

이젠 애 젊은* 반백의 할미가
되어버린 나의 반쪽
국사봉 산마루에 해가 걸리면
노을빛이 아름답다며 눈을
떼지 못하고 한참을 바라보는
아내의 얼굴에도 삶의 꽃들이
피어나 얼기설기 꽃길을 내고
있습니다

말없이 달려온 세월의 마차를
이끌고 자박자박 걸어온 우리들
뒤안길로 돌아가고 싶습니다

봄날 새싹들이 파릇이 돋아나
꽃을 피우고 열매 맺듯 4남매
자녀들을 낳고 기르다 보니

어느새 훌쩍 성인이 된 세월의
맛이 곁들인 추억이 좋았다며
속삭이는 님의 얼굴에 순백의
백합꽃 같은 향기로운 미소가
피어오릅니다

오늘도 손잡고 둘이 하나 되어
걸어가는 길은 행복입니다.

* 애 젊다 : 앳되게 젊다.

희망의 불꽃

서산 멧부리에
황혼빛 곱게 여울지고
허겁지겁 지나온 삶의
뒤안길을 되돌아보니

움켜쥔 가슴에 간직한
아픈 상처는 고통으로
물들여져 한(恨)이 되어
노을 져 가는구나

여름밤 빛나던 별들을
바라보며 잠 못 이루던
젊은 날의 초상들처럼

어둠이 걷힌 새벽녘에
이사 빛이 눈 부시고
하늘엔 희망의 불꽃이
피어오르듯 태양이
힘찬 발끝걸음 질하네.

욕망의 세월

봄인데 갑자기 불어닥친 한파가
몰려오면 두려움이 가슴 후빈다
따스한 빛살이 차갑게 느껴지는
까닭을 몰랐던 일상의 나날들
된서리에 그만 살살이 꽃잎이
처참히도 시들어 고갤 떨구고는
햇살에 놀라 눈물 흘리는 것을
나는 보았다
꽃을 닮은 우리님과 함께 한뉘를
살고 싶지만 무심한 세월만은
고장 난 시계추가 아닌가 보다
가을은
겨울 속으로 파묻혀 가듯 욕망은
덧없는 평행선처럼 끊임없겠지만
잡을 수 없는 세월처럼 인생사
욕망을 내려놓고 사는 삶이 참된
행복이 아닐까
오늘도 지는 노을 바라보며 삶의
뒤안길을 다독여 본다.

이발소에 가는 날엔

달포에 한 번은 빈대 머릴
다듬기 위해 이발소에 간다

깎을 머리라곤 뒤에만 있을
뿐인데 가격은 날이 갈수록
비싸지는 까닭을 모르겠다

몇 가닥 안 되는 머리숱마저
별로 없는데 말이다
볼품없는 머릴 다듬고 나면
각진 얼굴이 왠지 애안하다*

오늘은 깍두기 머리에 힘이
들어간 두 눈을 깜박거리며
거울 앞에 서서 허세 부리듯
어깨가 된 착각에 나도 몰래
비시시 웃고 만다.

* 애안하다 : 눈에 거슬리다

인생사

삶은 늘 미련과 후회가 공존하며
뒤를 따르지만 때로는 그리움들이
자아를 일깨워주는 삶이 때로는
좋기도 하다

사노라면
우리가 살아있음에 소중함을 늦게
알게 되고 엄니를 가슴에 묻고서
철이 들게 되었다

정든 님이 하나둘 내 곁을 떠나고
슬픔을 삭힐 때 충격은 배가 되어
가슴을 짓누르고

인생사 깜깜한 밤에 빛을 잃은
자동차를 몰고 초행길을 내달리는
것처럼

미지의 세계로 한 걸음 한 걸음씩
나아가는 삶이 인생이 아닐까.

지난날의 그리움

저물녘 희끄무레한 초승달만
한눈에 들어온다
밤이 깊을수록 잔별들 사이
여우별이 반짝반짝 빛난다
추억의 그림자를 더듬거리다
잠을 청해 보려 하지만
반딧불처럼 지난날이 떠올라
어리마리*하다 잠 못 이루니
아즐한* 옛이야기가 가뭇없다*
밤새 잔별들이 빛의 잔치를
벌이다 사라지듯 우리 젊음도
삶의 마차를 타고 흘러간다
꿈같은 그리움이 추억 속에
잠들고 마음밭에 주저앉아
질곡의 설움들을 달래보지만
허허한 영혼 속에 채울 수
없는 빈자리만 가득 남았네.

* 어리마리 : 잠이 든 둥 만 둥 한 모습
* 아즐하다 : 〈순우리말〉 멀리 까마득하고 아물거리다
* 가뭇없이 : 전혀 안 보여 찾을 길이 없이

지울 수 없는 세월

멍 뚫린 하늘에 조각구름 흩어지고
수평선 저 멀리 가물거리는 여객선
달려오듯 너울 타며 밀려오는 파도가
윤슬처럼 빛나더니 사그라진다

흩어지는 추억도 흘러가는 세월도
희미해지듯 함께 뛰놀던 죽마고우
바람처럼 흘러간 무심한 세월만이
약속타 한다

해변 백사장으로 파고드는 파도가
물거품을 토해내며 죽어가듯 날 삶은
살품* 속으로 된바람이 스며들면
가슴이 시리도록 아프다

유년 시절 지울 수 없는 추억들이
파도 너머 물안개가 피어오르면
그리움이 철썩거리며 내 마음밭에
다가와 허무함을 다독인다.

＊살품 : 옷과 가슴 사이에 생기는 빈틈

추억의 길

어디로 갈까나
가도 가도 끝없는 이 길 위에
비바람 그치고 햇살 반짝이니
천국이 따로 없구나
산허리에 단풍잎 곱게 물들고
우리의 삶도 황혼빛 여울지니
탈색된 세월의 흔적처럼 흰 눈
쌓인 듯 흰 오리* 진 머릿결이
설핏하게* 보이는 님의 얼굴에도
추억이 아로새겨져 있다
삶의 길을 걷노라니 서녘 하늘
노을처럼 삶을 붉게 물들이며
살아온 이야기를 늘어놓고
뒤안길 추억만을 더듬거리다가
떠나가는 우리네 인생이거늘
추억 속에 그리움을 삭히며
가는 이 길이 그래도 행복하다.

* 설핏하다 : 사이가 촘촘하지 않고 듬성듬성하다
* 흰 오리 : 하얗게 센 머리카락

희망의 등불을 켜라

해저물녘 지친 몸을 이끌고
귀가하는 사람들이 행복했으면
좋으련만 좋은 날보다도 힘든
날이 많았지만 그래도 축복의
그날은 반드시 오리라
그대 일생이 멋지고 참된 삶의
그림자에 푹 빠져 산다는 것이
참 행복이라고 하지만 오늘도
콩나물시루 같은 전철에 지친
몸을 맡기고 비지땀을 흘리며
꿈을 키우는 젊은이들
한발 두발 계단을 오르다 보면
언젠가 삶의 꽃을 피우고 실한
열맬 맺으리니 포기하지 마라
희미한 빛을 내는 저 여우별도
희망의 빛을 뿌리지 않던가
젊은 그대들은 분명 어둠 속에
등불이 될지니.

퇴근길

가지 등불로 날아드는 불나방처럼
빌딩 숲에서 쏟아져 나와 금세
전철 플랫폼에 길게 줄나르비 선
젊은이들이 한 손에 핸드폰을 들고
눈을 떼지 않고 요지부동이다

콩나물시루가 되어가는 지하철에
몸을 맡기고는 그저 묵언수행 중

몇 년 전만 해도 시끌벅적했던
전철엔 침묵의 가면을 쓰고 귓가엔
이어폰을 끼고 무표정한 모습들이
왠지 이제는 자연스럽다

지친 몸 이끌고 집으로 향하는 길
예나 지금이나 변함이 없지만
코로나19가 기승을 부리던 날들이
살얼음판을 걷는 것 같지만 언젠가
화창한 봄날 같은 그날이 오겠지.

희미한 눈동자

희미한 가지 등불 아래 물끄러미
미소 짓던 한 여인의 슬픈 눈을
난 보았다
살아온 뒤안길이 허무하다는 듯
그을린 마음자리엔 온통 서러움에
잠겨 그리움이 없다 한다
사노라면 희망의 줄다리기 하다
점점 멀어진 꿈을 다시는 이룰 수
없다는 중압감에 강을 건넌 게
아닌지 지레짐작 체념하지 마라
만추 녘 된서리에 빛바랜 잡초 새
허옇게 분칠하고도 도도하게 핀
들국화를 보아라
척박한 삶속에 핀 너를 바라보며
나약해진 자화상을 들여다본다
꿈을 잃은 여인의 얼굴보다 꽃을
피운 그대 들국화가 되고 싶은
작은 소망을 가슴에 품고 인생의
마차를 함께 타고 가보자.

홀로 된 사랑

바람은
살며시 등 떠밀며 귓전에
다가와 속삭이고

서녘 하늘에
두둥실 떠가는 조각구름
황혼빛 물들이며 흩어져
삶의 흔적을 사르건만

바수어진 추억들이
피어올라 이제 더는 주워
담을 수 없는 그리움들

마음밭에 주저앉아
떠날 줄 모르는데 무심코
하늘을 바라보니

님을 닮은 외기러기 홀로
눈가에서 멀어져만 가네.

6부

사모곡

사모곡

무슨 말을 해야 할까요
그 어떤 말로도 저에게는 아무것도
들리지 않습니다

지금껏 이런 폭우는 난생처음입니다
멈출 줄 모르고 폭포처럼 장대비가
자드락자드락 하염없이 흩뿌립니다

님께서 자식들 곁을 떠나시던 날
울부짖는 천둥과 번개가 쉴 새 없이
세상을 놀라게 하고 주체할 수 없이
흘러내리는 눈물처럼 비가 내립니다

장례식 내내 비가 내리니
이렇다 할 노제도 없이 고향 선영에
어머니를 모시러 가는 이 길

어릴 적 우리 어머니
손잡고 거닐던 보리밭 길을 이제는
한 줌의 재가 되어 내 품에 안기어
마지막 가는 길이 되었습니다

하염없이 비를 맞으며 가는 이 길
혹여 우리 님의 한 서린 눈물이라
생각하니 모든 게 제 탓인 것 같아
눈물만 하염없이 흘러 내립니다

고향 공주 선영에 어머니의 따스한
온기를 가슴에 묻고 나니 지난날
님의 마음밭에 대못을 박던 일들만
자꾸만 떠올라 통한의 눈물이 앞을
가립니다

이제 다시는
진정 당신을 안아 볼 수도 없습니다
내 마음자리에 간직한 어머니의
모습을 잊지 않도록 눈도장을 꾹꾹
가슴속에 새겨 두려 합니다

살아생전 자식위해 잠 못 이루시며
지극정성 잘되길 기도하시던 님이
주신 사랑을 이제는 제가 우리
아이들에게 그런 사랑 주려 합니다

님이시여!
이생에서 고단한 짐 내려놓으시고
천상 낙원에 드시어 주님 품 안에
평화의 안식을 영원히 누리소서!

소리 없는 정담

으스름달밤 창가에 어슬렁거리는
달그림자가 잠을 훔쳐 달아난다
상념 속 잠 못 들던 그대 영혼을
달래며 사는 그날까지 우리는
세상에 홀로 남아 어둠을 사르며
지친 영혼을 다독이며 살아가는
나그네라
타다가 재가 되지 못하고
몽당 부싯갱이가 된 서러움처럼
그대 영혼을 다독이며 사노라면
좋은 날이 올지니
아침 해가 붉게 물들이고 순백의
새품*들이 피어나 그대 가슴에
바람으로 다가와 소리 없는 정담
나누리니
그대 흐느껴 우는 바람 소리가
상념의 잔상을 지우며 긴 묵언의
침묵 속에 곤히 잠들게 되리라.

* 새품 : 억새의 꽃

속삭이는 님의 얼굴

부여잡은 옷고름 풀어 헤치듯
두 손 잡은 그대와 나의 연緣
그 무엇이 우리 영혼을 흔들어
깨웠을까
고요한 밤
하얀 눈이 소복소복 쌓여 아린
가슴 감싸주면 좋으련만 눈은
내리지 않습니다
신랑 각시 하나 되어 풋풋하던
지난날을 더듬거리니 어느새
빈대 머리에 흰 꽃이 한올 지게
반백의 꽃이 피어납니다
아직도 뜨겁게 속삭이는 님의
목소리가 그리움 되어 귓전에
소곤소곤 아롱지게 들려오는
까닭은 아마도 내님의 사랑이
가득한 그대 고운 마음입니다
부부로 산다는 것은 천국으로
가는 길이기 때문입니다.

슬픔의 뒤안길에 서성이면

어둠이 앞을 가릴지라도 나는
그저 헤쳐 나가리라
넘어지고 넘어져도 다시 일어나
가야 할 그 길을 향해 가리니
무엇이 두려워 주저한단 말인가
끝나지 않은 인생길 두 줄기
눈물만 흘리는 까닭을 모르니
우리가 멈춰 선 자리엔 절대로
꽃이 피지 않습니다
세월이 가야 꽃이 피어납니다
서로 가는 길은 달라도 슬픔의
뒤안길에 갇혀 서성이면
후회의 어울림으로 그 아픔은
메아리 되어 더욱더 고통이
배가 될지니 이젠 우리 마음에
묻어둔 애증의 슬픔을 비우고
희망찬 걸음말 다시 걷자꾸나!
지금도 늦지 않았다.

외손주 옹알이

아가가 응가를 했는지 배가
고픈지 외손주의 울음소리만
들어도 애 엄마는 알지요

조막손 불끈 쥐고 입안 가득
손 넣고 옹알이하면 엄마가
슬그머니 다가와 맞장구치면
사랑의 웃음꽃이 집안 가득
울려 퍼집니다

아가의 울음소리에
얼른 얼싸안고 우쭈쭈 어이구
내 새끼 하며 토닥이면
외손주 옹알이가 방 안 가득
행복이 울려 퍼집니다.

우리님 떠나가시는 길

인생은 모두 같은 길을 걸어
갈 수 없습니다

산자는 다님길을 죽은 자는
가욋길로 마지막 길이 되면
돌아올 수 없는 외곬*으로
가야합니다

생전에 가보고 싶다던 고향
끝내 하늘로 길을 떠날 때가
되고서야 가신 우리 어머니

통곡의 메아리가 하늘 끝에
닿았는지 하염없이 뿌려대는
비가 눈물 되어 앞을 가려
길을 가로막습니다

다들 호상이라 말들 하지만
자식 마음은 어디 그럴까요

세월 가도 잊을 수 없는
그리움이 가슴에 비수를 꽂듯
아려오지만 빛으로 오시리란
믿음 하나로 님을 보내 드리려
합니다

님이시여!
이제는 천상 낙원에서 영원한
안식 누리소서.

* 외곬 : 단 한 곳으로만 트인 길

님 가시는 날 비가 내리네

달포 지나도 오지 않던 비가 그칠
줄 모르고 하염없이 흩뿌립니다
실낱같은 가느란 목숨을 근근이
연명하고 계셨던 삶의 끝자락에
위급하시단 말을 듣는 순간 목이
타들어 가고 뿌옇게 물안개 지듯
그렇게 저희 님은 99세 일기로
멀고 먼 천국으로 떠나셨습니다
하염없이 퍼붓던 폭우마저 우리
어머니의 한 많은 삶을 다독이는
눈물 같아 설움이 복받쳐 옵니다
님을 향한 그리움은 추억만큼
보고 싶은 마음에 하늘을 우러러
보아도 볼 수 없기에 님을 위해
기도만 올릴 뿐 아무것도 해드릴
수 없어 목이 메어 옵니다
억수장마 지는 날이면 왠지
어린애가 되어 님이 보고파 지니
어릴 적 조몰락거리던 어머니의
젖무덤이 그리워집니다.

님의 세월

병상에 누워계신 님의
푹 꺼진 슬픈 눈망울만
생각하면 괜스레 님의
얼굴이 보고 싶어지는
계절이 다가옵니다

마디 굵은 손으로 머릴
쓰다듬어주시던 따스한
손길은 지금도 온기가
느껴집니다

어릴 적 맛난 쑥개떡을
만들어 주시던 봄날이
다가올 때면 아련한
그리움이 살며시 하나둘
마음밭에 피어납니다

아 이놈의 세월 되돌릴
수 없다면 멈출 순 없는
걸까요 애고 애섧다.

울 엄니의 일생

아침나절에 달구비가 자드락 거리며
퍼붓다 저물녘에서야 서녘 하늘에
뭉게구름이 활짝 피어오릅니다

지난날 멀고 먼 뒤안길을 되돌릴 수
없는 회억의 잔재가 저 하늘 끝에
서성이니 어머니의 얼굴에 저승꽃*이
활짝 피어오릅니다

님의 육신은 날개깃처럼 가비얍고
야위어 옷자락은 세월 끝자락에
자라나 헐렁거리고 움푹 파인 눈은
꺼져가는 초롱불처럼 초점을 잃고
꺼져가고 있습니다

우리 어머니의 세월은 질곡의
낙인들이 얼기설기 길을 내며 깊이
패인 주름진 얼굴엔 해맑은 아가의
얼굴처럼 마냥 웃고만 계십니다

육신은 앉은뱅이가 되셨어도 영혼은
또렷하시기에 아직도 자식들만을
위해 묵주 기도드리시는 님의 사랑
어찌 이 세상에 님 같은 사랑이
있을까요

당신을 위한 기도는
사치라며 오롯이 당신을 희생하신
님의 일생이 너무나도 고귀합니다

선영에 어머니를 가슴에 묻고
돌아오는 이 길은 어릴 적 우리님이
날 업고 오가던 사랫길*이었습니다

하지만 지금은 한 줌의 재가 되신
님을 가슴에 품고 가는 길이 되고
말았습니다

이제 다시는 뵐 수 없기에 텅 빈
마음자리에 내님의 모습을 묻으니
시리도록 목이 맵니다

님을 향한 애틋함이 멧부리* 너머로
붉게 물든 노을처럼 님의 영혼이
스멀스멀 여울지게 피어오릅니다

어머니의 일생은 천상 열차 티켓을
선물로 받으셨으니 천국에 드시어
평화의 안식을 영원히 누리소서!

* 저승꽃 : 검버섯'을 비유적으로 이르는 말
* 사랫길 : 논밭 사이로 난 길
* 멧부리 : 산등성이나 산봉우리의 가장 높은 꼭대기